skole - sukuu	2
rejse - akwantuo	5
transport - ɛhyɛn	8
by - kuropɔn	10
landskab - asaase	14
restaurant - adidibea	17
supermarked - dwakɛseɛmu	20
drikkevarer - nsa	22
mad - aduane	23
bondegård - afuo	27
hus - efie	31
stue - ɛdan a wɔtena mu	33
køkken - gyaade	35
badeværelse - adwareɛ	38
børneværelse - abɔfra dan mu	42
tøj - ataadeɛ	44
kontor - ɔfise	49
økonomi - sikasem	51
erhverv - nnwuma ahodoɔ	53
værktøj - akadeɛ	56
musikinstrumenter - mfidie a wɔde bɔ nnwom	57
zoo - mmoakurabea	59
sport - agokansie	62
aktiviteter - dwumadie ahodoɔ	63
familie - abusua	67
krop - nipadua	68
sygehus - asopiti	72
nødstilfælde - putupru	76
Jorden - Ewiase	77
ur - mmerɛ kyerɛfoɔ	79
uge - nnawɔtwe	80
år - afe	81
former - bobea	83
farver - ahosuo	84
modsætninger - abirabɔ	85
tal - nɔma	88
sprog - kasa ahodoɔ	90
hvem / hvad / hvordan - hwan/aden/ sɛn	91
hvor - hefa	92

Impressum
Verlag: BABADADA GmbH, Nedderfeld 112 , 22529 Hamburg
Geschäftsführer / Verlagsleitung: Harald Hof
Druck: Books on Demand GmbH, In de Tarpen 42, 22848 Norderstedt

Imprint
Publisher: BABADADA GmbH, Nedderfeld 112 , 22529 Hamburg, Germany
Managing Director / Publishing direction: Harald Hof
Print: Books on Demand GmbH, In de Tarpen 42, 22848 Norderstedt

skole
sukuu

- klasseværelse — adesua dan mu
- dividere — kyɛmu
- tavle — bɔɔdo
- skolegård — sukuu asaase
- lærer — ɔkyerɛkyerɛni
- papir — krataa
- skrive — twerɛ
- pen — twerɛdua
- skrivebord — pono
- lineal — susudua
- bog — nwoma
- elev — sukuuni

skoletaske
baage

penalhus
adeɛ wɔde twerɛdua hyɛ mu

blyant
twerɛdua

blyantspidser
adea wɔde sensene twerɛdua ano

viskelæder
rɔba

tegneblok
drɔɔwin nkrataa

skole - sukuu

tegning
droowin

pensel
adeɛ a wɔde bɔ akaadoo mu

æske med vandfarver
akaadoo adaka

saks
apasoɔ

lim
aduro a wɔde sɔ nnoɔma bɔ mu

opgavehefte
krataa wɔyɛ dwumadie wɔ mu

lektie
efie adwuma

tal
nɔma

addere
ka bom

subtrahere
te frim

multiplicere
fabaho

regne
bo ho nkonta

bogstav
atwerɛdeɛ

alfabet
atwerɛdeɛ

ord
asɛm

skole - sukuu

3

tekst	læse	kridt
atwerɛ	kan	chalk

time	klasseprotokol	eksamen
adesua	krataa a din ahodoɔ wɔ mu	nsɔhwɛ

karakterbog	skoleuniform	uddannelse
nimdeɛ krataa	sukuu ataadeɛ	adesua

leksikon	universitet	mikroskop
encyclopedia	suapon kɛseɛ	afidie a wɔde hwɛ adeɛ aniwa ntumi nhunu
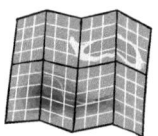		
kort	papirkurv	
asaase mfonin a ɛwɔ krataa so	kɛntɛn a wɔde krataa na ayɛ a wɔde nwura gu mu	

skole - sukuu

rejse
akwantuo

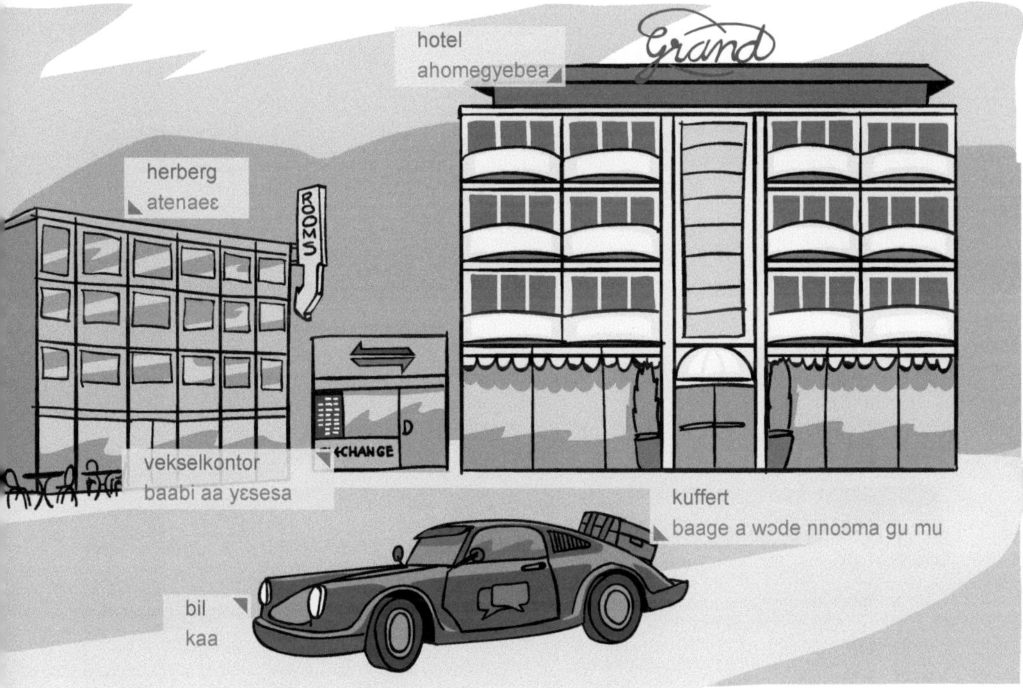

hotel
ahomegyebea
Grand
herberg
atenaeɛ
ROOMS
vekselkontor
baabi aa yɛsesa
EXCHANGE
kuffert
baage a wɔde nnoɔma gu mu
bil
kaa

sprog

kasa

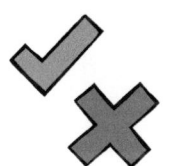

ja / nej

aane / daabi

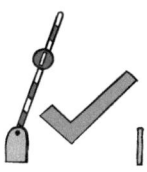

okay

Yoo

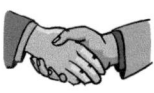

hej

hɛlo

oversætter

deɛ wɔkyerɛkyerɛ kasa ase

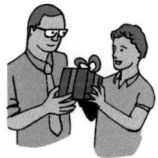

tak

Medaase

hvad koster...?
... ɛyɛ sɛn?

Jeg forstår ikke
Menteaseɛ

problem
ɔhaw

God aften!
Maadwo!

God morgen!
Maakye!

God nat!
Da yie!

farvel
nante yie

retning
akwankyerɛ

bagage
nnooma a wɔde tu kwan

taske
kotɔkuo

rygsæk
baage a yɛde bɔ yakyi

gæst
ɔhɔhoɔ

værelse
danmu

sovepose
bag a yɛda mu

telt
ntomadan

turistinformation
adesrafoɔ nsɛm

strand
po ano

kreditkort
krɛdit kaade

morgenmad
anopa aduane

middagsmad
awia aduane

aftensmad
anwumerɛ aduane

billet
tikiti

elevator
pagya

frimærke
agyinahyɛdeɛ

grænse
ɛhyeɛ

told
adwumayɛfoɔ a wɔgyina
aman mmienu hyeɛ so

ambassade
ɔman bi asoeɛ

visum
akwantuo krataa

pas
akwantuo krataa

rejse - akwantuo

transport
ɛhyɛn

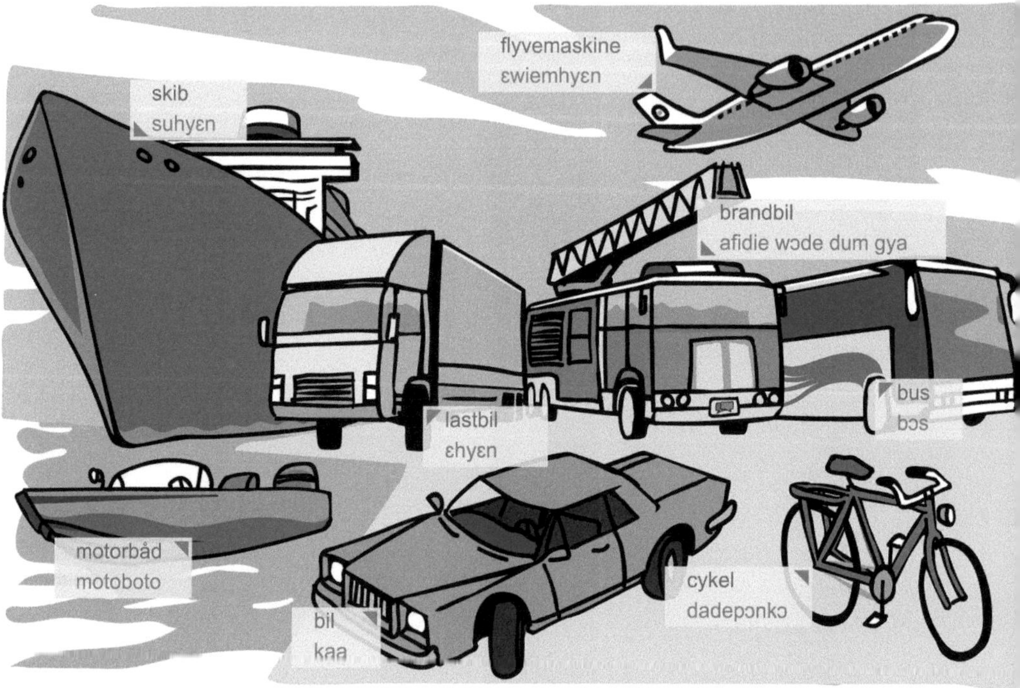

flyvemaskine
ɛwiemhyɛn

skib
suhyɛn

brandbil
afidie wɔde dum gya

lastbil
ɛhyɛn

bus
bɔs

motorbåd
motoboto

bil
kaa

cykel
dadepɔnkɔ

færge
subonto

båd
suhyɛn

motorcykel
dadepɔnkɔ

politibil
apolisifoɔ kaa

racerbil
kaa a wɔde si akan

lejebil
hyɛn aa yɛ hain

transport - ɛhyɛn

samkørsel	kranbil	skraldebil
kaa a wɔde ma obi de di dwuma	kaa a wɔde twe ɛhyɛn a asɛe	bɔɔla kaa

motor	benzin	tankstation
moto	ngo	beaɛ a wotɔn pɛtro

 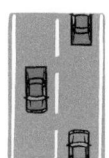 

trafikskilt	trafik	trafikprop
trafik ahyɛnsodeɛ	trafik	ɛhyɛn ntumi nkɔ ntɛm

parkeringsplads	banegård	skinner
kaa gyinabea	keteke steshin	ketekye kwan

 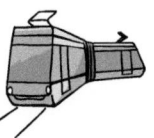 

tog	sporvogn	wagon
ketekye	ketekye	afidie a wɔtena mu wɔ wiem tu kwan

transport - ɛhyɛn

helikopter	lufthavn	tårn
ewiemhyɛn	dadeɛanoma gyinabea	dan tentene

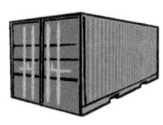

passager	container	karton
obi a wɔforo hyɛn	adaka	adaka

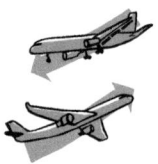

kærre	kurv	starte / lande
tɛasɛɛnam	kɛntɛn	tu / si fam

by
kuropɔn

landsby	bymidte	hus
akurase	kuropɔn hyiabea	efie

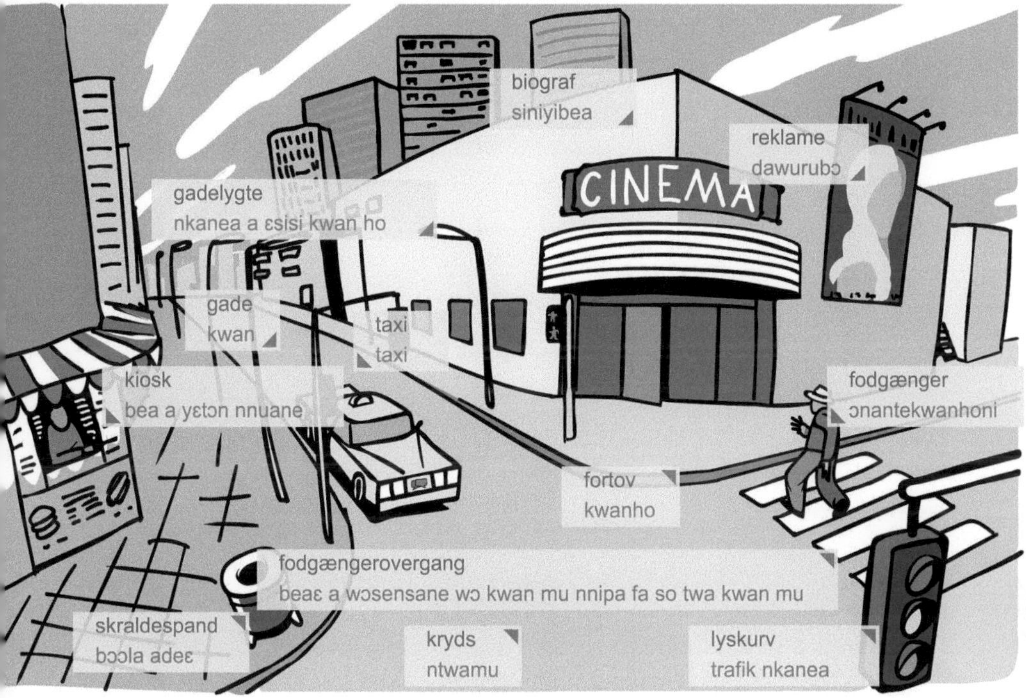

biograf
siniyibea

reklame
dawurubɔ

gadelygte
nkanea a ɛsisi kwan ho

gade
kwan

taxi
taxi

kiosk
bea a yɛtɔn nnuane

fodgænger
ɔnantekwanhoni

fortov
kwanho

fodgængerovergang
beaɛ a wɔsensane wɔ kwan mu nnipa fa so twa kwan mu

skraldespand
bɔɔla adeɛ

kryds
ntwamu

lyskurv
trafik nkanea

hytte
ntaabodan

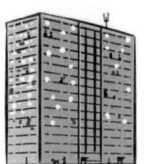

lejlighed
tenabea

banegård
keteke steshin

rådhus
kurom nhyiadanmu

museum
mesiɔm

skole
sukuu

by - kuropɔn

universitet

suapon kɛseɛ

bank

sikakorabea

sygehus

asopiti

hotel

ahomegyebea

apotek

beaɛ a wɔtɔn nnuro

kontor

ɔfise

boghandel

beaɛ a wɔtɔn nwoma

butik

beaɛ a wɔtɔn adeɛ

blomsterbutik

nhwiren kuani

supermarked

dwakɛseɛmu

marked

dwamu

stormagasin

asoeɛ sotɔɔ

fiskehandler

nnam tɔnfo

butikscenter

adetɔ beae

havn

suhyɛn gyinabea

park
agodibea

bænk
akonnwa

bro
nsamsoɔ

trappe
adeɛ wɔee foro aborosan

undergrundsbane
asaasease

tunnel
tɔkuro a w'atu no asaase
mu de ayɛ kwan

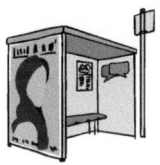

busstoppested
ɛhyɛn gyinabea

barnevogn
nsanombea

restaurant
adidibea

postkasse
krataa adaka

vejskilt
kwan ahyɛnsodeɛ

parkometer
kaagyinaho meta

zoo
mmoakurabea

badeanstalt
nsuo a wɔdware mu

moske
masalakyi

bondegård	miljøforurening	kirkegård
afuo	ewiem sɛeɛ	nsamanpɔ mu

kirke	legeplads	tempel
asore	agodibea	hyiadan

landskab
asaase

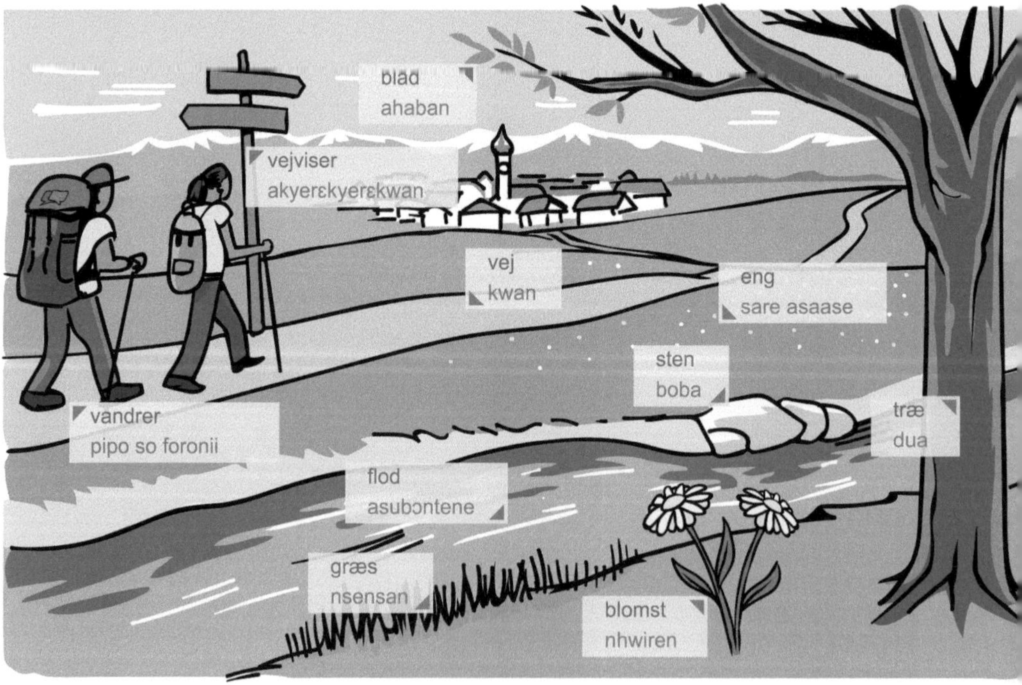

- blad / ahaban
- vejviser / akyerɛkyerɛkwan
- vej / kwan
- eng / sare asaase
- sten / boba
- træ / dua
- vandrer / pipo so foronii
- flod / asubontene
- græs / nsensan
- blomst / nhwiren

dal
ɛbɔn

bjerg
bepɔ

sø
sutadeɛ

skov
kwaeɛ

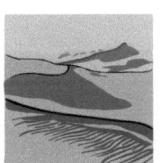

ørken
ɛserɛ so

vulkan
egya a ɛfiri bepɔ mu ba

slot
ahenfie

regnbue
nyankontɔn

svamp
mmire

palme
abɛdua

moskito
ntontom

flue
wasena

myre
ntatea

bi
wowa

edderkop
ananse

bille · kukurubibi

frø · apɔnkyerɛnee

egern · opuro

pindsvin · kotoko

hare · adanko

ugle · patuo

fugl · anomaa

svane · dabodabo

vildsvin · kɔkɔte

hjort · wansane

elg · torɔm

dæmning · sutadeɛ

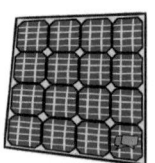

vindmølle · mframa tɛɛbain

solcellemodul · adeɛ ɛtwe anyinam ahoden firi awia mu

klima · ewiem

restaurant
adidibea

tjener — barima a wɔsom wɔ beaɛ a wɔtɔn aduane

spisekort — aduane ahodoɔ wɔtɔn

stol — akonwa

suppe — nkwan

pizza — pizza

bestik — atere ne nsikan a wɔde didie

borddug — ntoma a wɔde kata ɛpono so

forret
ahyɛaseɛ

hovedret
aduane titriw

dessert
nnɔkɔnnɔkwade

drikkevarer
nsa

mad
aduane

flaske
toa

restaurant - adidibea

fastfood
aduane wɔyɛ no ɔhare so

streetfood
aduana a ɛyɛ kwan ho

tekande
tea kukuo

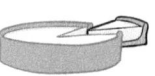

sukkerdåse
asikyire kyɛnsen

portion
fa

espressomaskine
espresso afidie

barnestol
akonwa tenten

faktura
ka krataa

tablet
apanpan

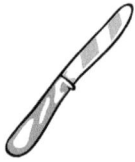

kniv
sikanmoa

gaffel
adinam

ske
atere

teske
tea atere

serviet
ntoma a wɔde sɛ pono so

glas
ahwehwɛ

restaurant - adidibea

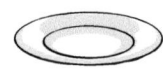

tallerken	dyb tallerken	underkop
plɛɛte	nkwan plɛɛte	plɛte ketewa

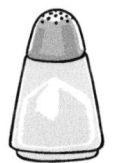

sovs	saltbøsse	peberkværn
frɔyɛ	nkyene kukuo	adeɛ a wɔde twi mako

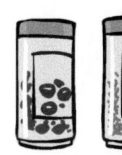

eddike	olie	krydderier
vinegar	anwa	atosodeɛ

ketchup	sennep	mayonnaise
ketchup	sinapi aba	mayonis

supermarked
dwakɛseɛmu

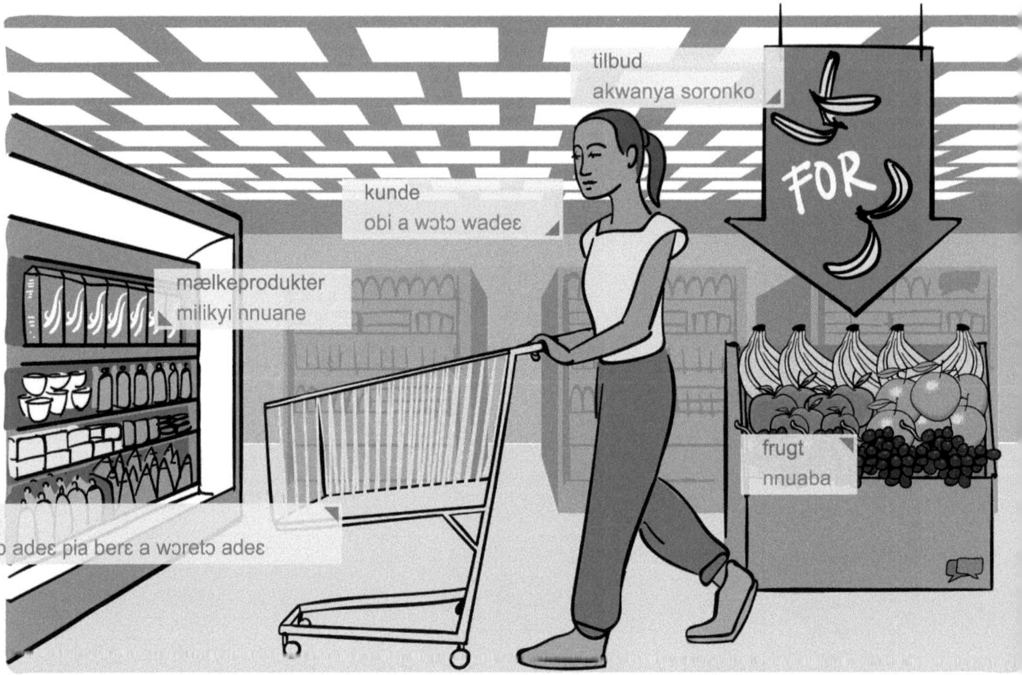

tilbud
akwanya soronko
FOR
kunde
obi a wɔtɔ wadeɛ
mælkeprodukter
milikyi nnuane
frugt
nnuaba
tɔ adeɛ pia berɛ a wɔretɔ adeɛ

BUTCHERS

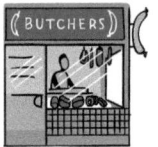

slagter

nnamtwafo

BAKERY

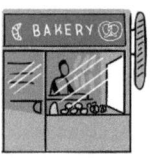

bageri

brodotofo

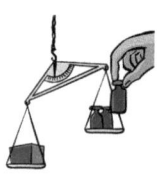

veje

susu

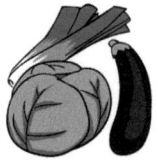

grøntsager

atosodeɛ

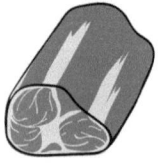

kød

nnam

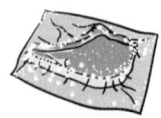

frostvarer

aduane a wɔde ahyɛ sukɔtwea adaka mu

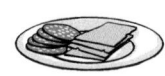

pålæg
nnam a yɛy nwunu

konserves
nnuane a ɛwɔ konku mu

vaskemiddel
aduro a wɔde si nnooma

slik
adɔkɔkɔdɔkɔdeɛ

husholdningsvarer
efie nnooma

rengøringsmidler
nnuro a wɔde hohoro nnooma ho

ekspedient
adetɔni

kasse
adeɛ a wɔgye sika de gu mu

kasserer
obi a wɔhwɛ sika so

indkøbsliste
nnooma a wobɛtɔ

åbningstider
mmerɛ a ɔmo de bue

tegnebog
kɔtɔkuo

kreditkort
krɛdit kaade

taske
bɔtɔ

plasticpose
rɔba bɔtɔ

supermarked - dwakɛseɛmu

drikkevarer
nsa

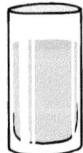
vand
nsuo

saft
aduaba mu nsuo

mælk
milikyi

cola
coke

vin
nsa

øl
beer

alkohol
nsaden

kakao
kookoo

te
tea

kaffe
kɔfe

espresso
espresso

cappuccino
cappuccino

mad
aduane

banan
kwadu

æble
aprɛ

appelsin
akutuo

melon
mɛlɔn

citron
akutuo

gulerod
karɔt

hvidløg
galeke

bambus
mpampuro

løg
gyeene

svamp
mmire

nødder
nkateɛ

nudler
talia

spaghetti	ris	salat
talia	ɛmo	salad

pomfritter	stegte kartofler	pizza
kyips	aborodwomaa w'akye	pizza

hamburger	sandwich	schnitzel
hạmburgẹr	sandwiɔh	ntwetwade

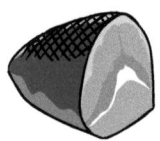

skinke	salami	pølse
prɛko nam	salami	sɔsegye

kylling	steg	fisk
akokɔnam	toto	nsuomunam

mad - aduane

havregryn
oats koko

mysli
muesli

cornflakes
cornflakes

mel
esam

croissant
croissant

rundstykke
brodo a yaboboɔ

brød
brodo

toast
ho

kiks
biskit

smør
bɔta

kvark
koko

kage
ɔfam

æg
kosua

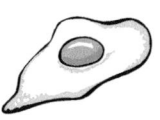
spejlæg
kosua a yakye

ost
kyeese

mad - aduane

is	sukker	honning
ise krim	asikyire	ɛwoɔ

marmelade	nougat-creme	karry
ɛam	kyɔkolate a wɔde yɛ aduane mu	kɔri

mad - aduane

bondegård
afuo

bondehus
kuafie

halmballer
ahaban a awo a waka abɔ mu

skur
aduanekorabea

mark
asaase

hest
pɔnkɔ

anhænger
ahyɛnkɛseɛ

føl
pɔnkɔ ba

traktor
trata

æsel
afunumu

lam
odwan ba

får
odwan

ged
apɔnkye

ko
nantwie

kalv
nantwie ba

svin
prɛko

gris
prɛko ba

tyr
nantwinini

gås
dabodabo

and
dabodabo

kylling
akokɔba

høne
akokɔbedeɛ

hane
akokɔnini

rotte
akura

kat
agyinamoa

mus
akura

okse
nantwi

hund
ɔkraman

hundehus
kramanfie

haveslange
drobɛn a wɔde nsuo fa mu
gugu nnɔɔma so

vandkande
toa wɔde nsuo gu mu de
gugu nnɔɔma so

le
kantankrankyi

plov
afidie a wɔde funtum
asaase ani

segl
sɔsɔwa

hakkejern
asɔ

møggreb
fɔɔki kɛseɛ

økse
akuma

trillebør
hweebaro

trug
adea mmoa didi mu

mælkekande
milikyi konku

sæk
kotoku

hæk
ɛban

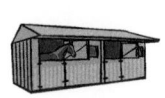
stald
mmoa dan

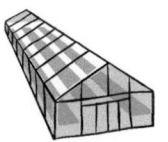
drivhus
nnuaba dan mu

jord
anwea

frø
aba

gødning
nnuro a wɔde gu mfudeɛ ho

mejetærsker
nnuanetwa kaa kɛse

høste
twa

høst
mfudeɛ

yams
bayerɛ

hvede
ayuo

soja
soya

kartoffel
aborɔdwomaa

majs
aburo

raps
rapedua aba

frugttræ
aduaba dua

maniok
bankye

korn
aburo aduane

hus
efie

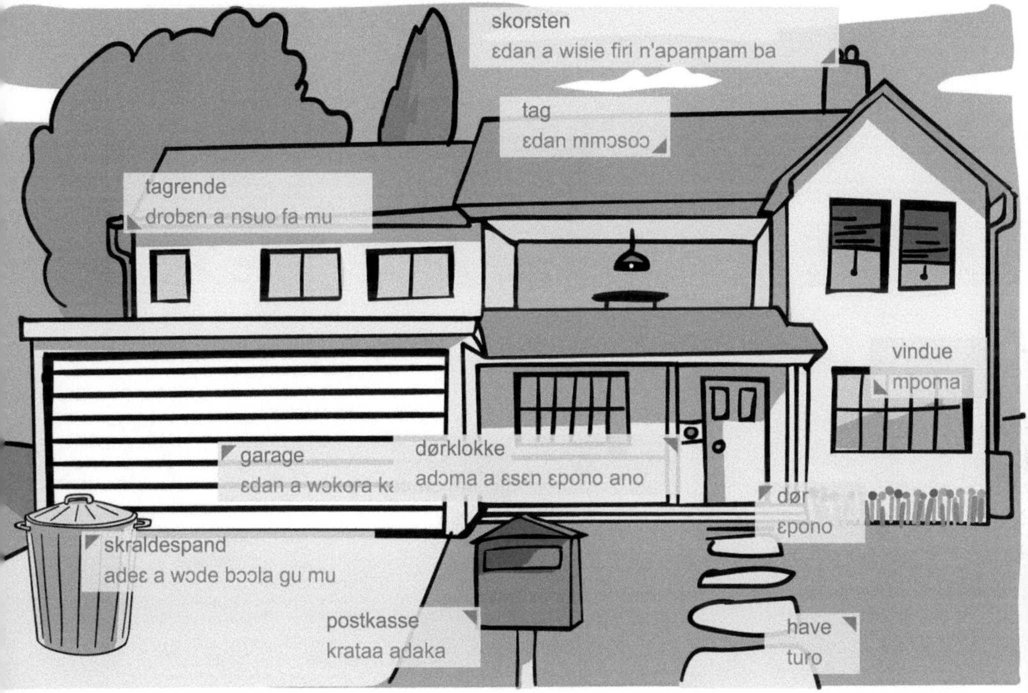

- skorsten — ɛdan a wisie firi n'apampam ba
- tag — ɛdan mmɔsoɔ
- tagrende — drobɛn a nsuo fa mu
- vindue — mpoma
- garage — ɛdan a wɔkora kɛ
- dørklokke — adɔma a ɛsɛn ɛpono ano
- dør — ɛpono
- skraldespand — adeɛ a wɔde bɔɔla gu mu
- postkasse — krataa adaka
- have — turo

stue
ɛdan a wɔtena mu

badeværelse
adwareɛ

køkken
gyaade

soveværelse
piam

børneværelse
abɔfra dan mu

spisestue
ɛdan a wɔdidi wɔ mu

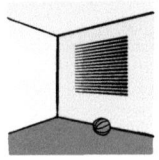
gulv
fam

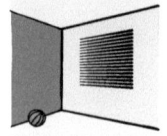
væg
ɛban

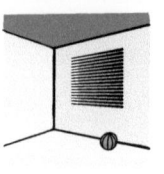
loft
siilin

kælder
ɛdan a ɛhyɛ fam

sauna
beaɛ a wɔkɔto hyew

altan
pɔɔkye

terrasse
asaase a wafuntum na
wɔde dua nnɔbaeɛ

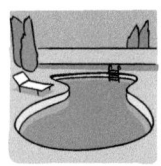
svømmehal
nsuo a wɔdware mu

plæneklipper
afidie a wɔde dɔ

dynebetræk
krataa

dyne
nnasoɔ

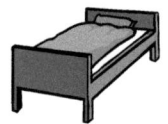
seng
mpa

kost
praeɛ

spand
bɔkiti

kontakt
deɛ wɔde sɔ kanea

stue
ɛdan a wɔtena mu

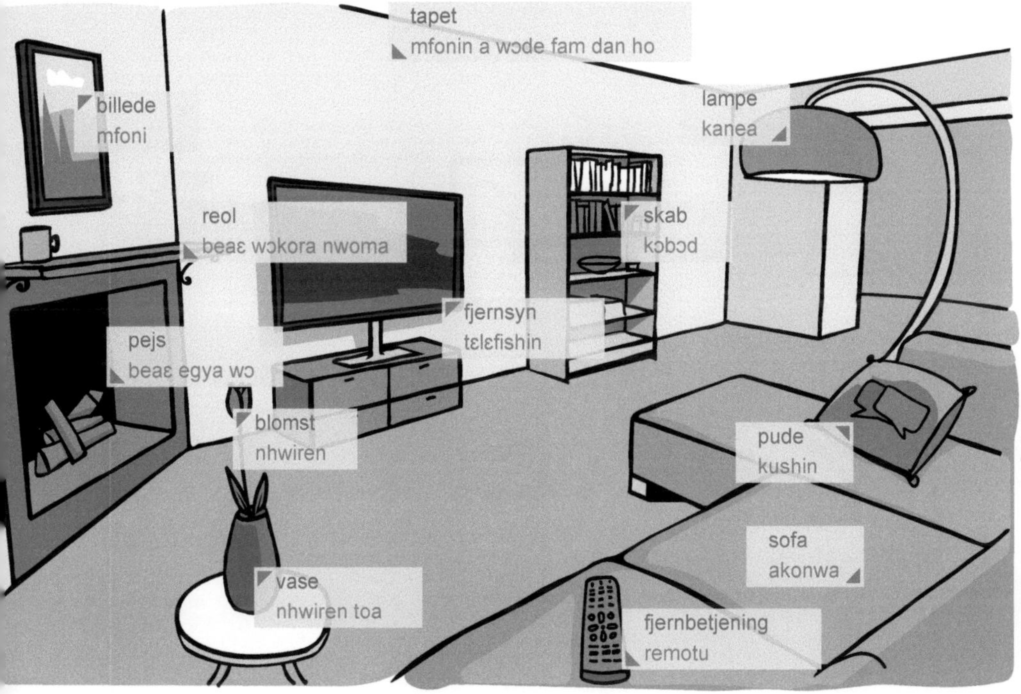

tapet
mfonin a wɔde fam dan ho

billede
mfoni

lampe
kanea

reol
beaɛ wɔkora nwoma

skab
kɔbɔd

pejs
beaɛ egya wɔ

fjernsyn
tɛlɛfishin

blomst
nhwiren

pude
kushin

vase
nhwiren toa

sofa
akonwa

fjernbetjening
remotu

gulvtæppe
kapɛt

gardin
kɛtin

bord
pono

stol
akonwa

gyngestol
akonwa aa ɛkɔ anim ne akyi

lænestol
nsaakonwa

bog
nwoma

tæppe
kuntu

dekoration
beaɛ asiesie

brænde
egya

film
mfoni

stereoanlæg
hi-fi afidie

nøgle
safoa

avis
dawurubɔ krataa

maleri
akaado

plakat
mfoni

radio
akasanoma

notesblok
nwoma a wɔtwerɛ nsɛmpɔ gu mu

støvsuger
afidie a wɔde pra mfuturo

kaktus
cactus

lys
kandele

køkken
gyaade

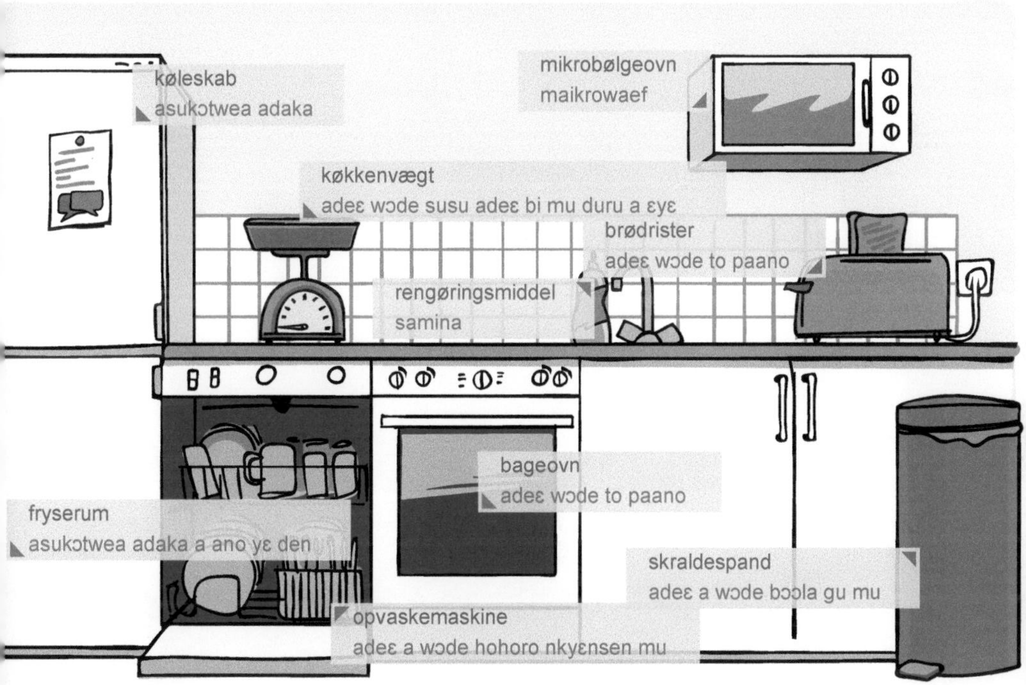

køleskab
asukɔtwea adaka

mikrobølgeovn
maikrowaef

køkkenvægt
adeɛ wɔde susu adeɛ bi mu duru a ɛyɛ

brødrister
adeɛ wɔde to paano

rengøringsmiddel
samina

bageovn
adeɛ wɔde to paano

fryserum
asukɔtwea adaka a ano yɛ den

skraldespand
adeɛ a wɔde bɔɔla gu mu

opvaskemaskine
adeɛ a wɔde hohoro nkyɛnsen mu

komfur
adeɛ a wɔde noa aduane

gryde
kukuo

jerngryde
dadesɛn

wok / kadai
wok / kadai

pande
pan

elkedel
adeɛ wɔde noa nsuo

køkken - gyaade 35

dampkoger

nea yɛde ka aduane hye

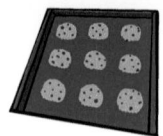

bageplade

adeɛ wɔto so paano

service

nkyɛnsen a wɔdidi mu

bæger

kuruwa

skål

kyɛnsen

spisepinde

nnua a wɔde didie

øseske

kwantere

paletkniv

atere

piskeris

adeɛ wɔde nu adeɛ mu

dørslag

sɔneɛ

si

sɔneɛ

rive

adeɛ a wɔde twi adeɛ

morter

waduro

grille

adeɛ a wɔde toto nam

ildsted

egya a biribiara mmɔ ho ban

køkken - gyaade

skærebræt
adeɛ a wɔtwitwa so nnooma

kagerulle
adea wɔde twi nnooma

proptrækker
adeɛ a wɔde tu toa ano

dåse
konku

dåseåbner
adeɛ wɔde bie konku so

grydelap
nea yɛde sɔ kukuo mu

køkkenvask
adeɛ a wɔhohoro nkyɛnse wɔ mu

børste
adeɛ a wɔde twitwi

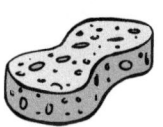
svamp
sapɔ

blender
afidie wɔde yam nnuane

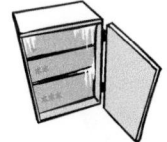
dybfryser
asukɔtwea adaka a ano yɛ den

sutteflaske
abɔfra toa

vandhane
nsuo

køkken - gyaade

badeværelse
adwareɛ

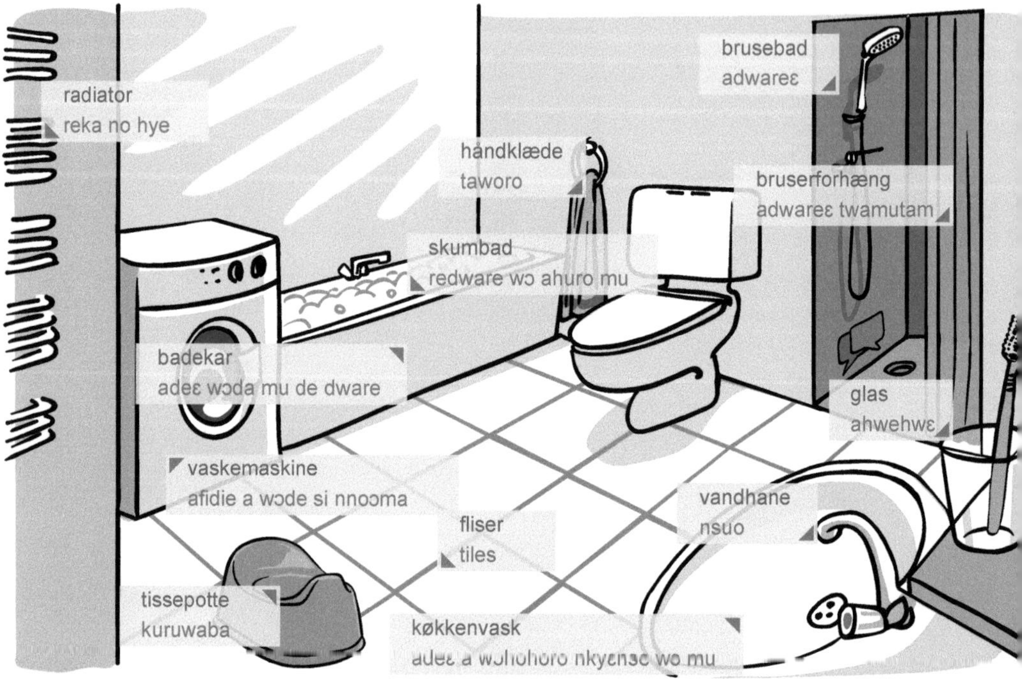

brusebad
adwareɛ

håndklæde
taworo

bruserforhæng
adwareɛ twamutam

skumbad
redware wɔ ahuro mu

radiator
reka no hye

badekar
adeɛ wɔda mu de dware

glas
ahwehwɛ

vaskemaskine
afidie a wɔde si nnooma

vandhane
nsuo

fliser
tiles

tissepotte
kuruwaba

køkkenvask
adeɛ a wɔhohoro nkyɛnsɛ wɔ mu

toilet
agyananbea

hugsiddende toilet
agyananbea a wɔkotoso

bidet
bidet

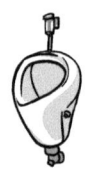

pissoir
dwonsɔbea

toiletpapir
tiafi krataa

toiletbørste
adeɛ a wɔde twitwi
agyanbea

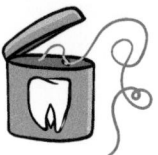

tandbørste
adeɛ wɔde twitwiri ɛse

tandpasta
aduro wɔde twitwiri ɛse

tandtråd
adeɛ wɔde yiyi ɛse ntam

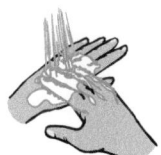

vaske
si

håndbruser
adeɛ wɔsɔ mu de dware

intimbruser
adeɛ nsuo fa mu na wɔde hohoro mmaa ase

vaskefad
adeɛ wɔsi nnooma wɔ mu

badebørste
adeɛ wɔde twitwi yakyi

sæbe
samina

brusegele
adwareɛ samina

shampoo
deɛ wɔde hohoro tirinwii mu

vaskeklud
ntoma wɔde asaawa na ayɛ

afløb
nsuokwan

creme
nkuu

deodorant
aduro a wɔde fa mmɔtoamu

badeværelse - adwareɛ

spejl
ahwehwɛ

kosmetikspejl
ahwehwɛ kumaa

barberhøvl
yiwan

barberskum
aduro a wɔde yi

barbervand
aduro a wɔde sera beaɛ wayi

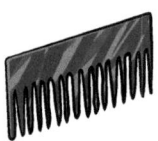
kam
afe

børste
brɔsh

hårtørrer
afidie a wɔde ka nwii ma no wo

hårspray
adeɛ wɔde aduro gu mu de gu nwii so

makeup
adeɛ wɔde yɛn wɔn anim

læbestift
adeɛ wɔde keka ano

neglelak
aduro a wɔde ka mmɔwerɛ so

vat
asaawa

neglesaks
apasoɔ a wɔde twitwa mmɔwerɛ

parfume
aduham

badeværelse - adwareɛ

toilettaske
baage a wɔde nnɔɔma gu mu wɔ adwareɛ

skammel
akonwa

vægt
afidie a wɔde susu adeɛ bi mu duro

badekåbe
ataadeɛ wɔhyɛ berɛ a wɔrekɔdware

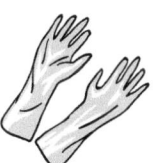
gummihandsker
adeɛ wɔde hyɛ wɔn nsa a wɔde rɔba na ayɛ

tampon
adeɛ wɔde twe nsuo firi pirakuro mu

damebind
deɛ mmaa de siesie wɔn ho berɛ wɔn abu wɔn nsa

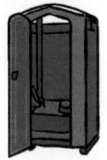
kemisk toilet
agyananbea a wɔde nnuro kora

badeværelse - adwareɛ

børneværelse
abɔfra dan mu

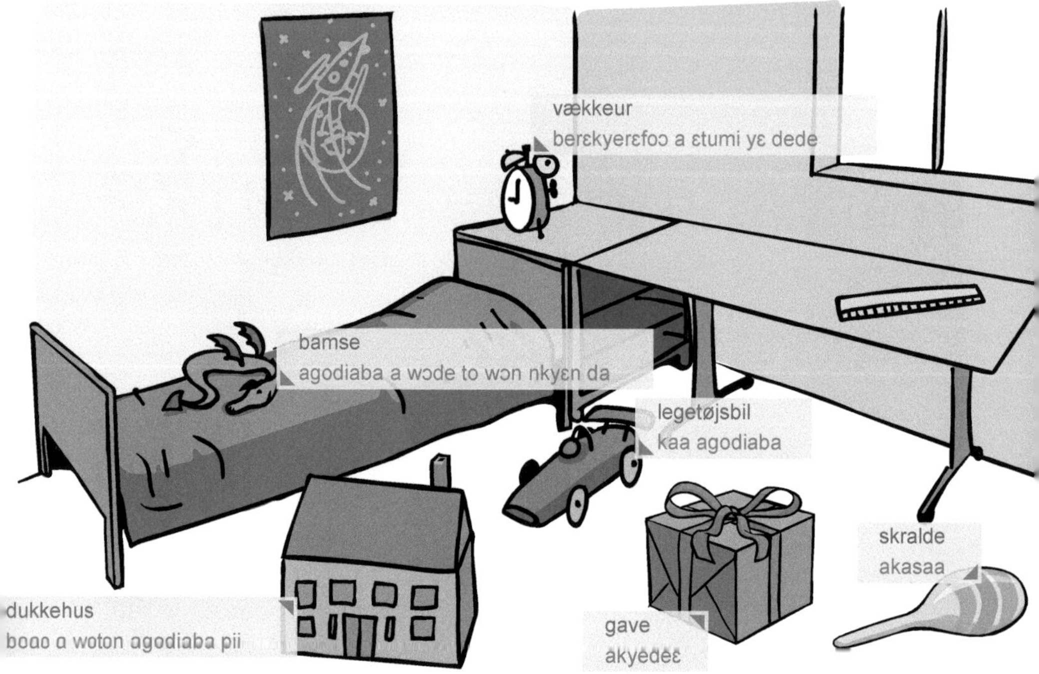

vækkeur
berɛkyerɛfoɔ a ɛtumi yɛ dede

bamse
agodiaba a wɔde to wɔn nkyɛn da

legetøjsbil
kaa agodiaba

dukkehus
bɔaɔ a wɔton agodiaba pii

gave
akyɛdeɛ

skralde
akasaa

ballon
baluu

seng
mpa

barnevogn
adeɛ a wɔde mmɔfra to mu pia wɔn

kortspil
nkrataa a ɛhyɛ adaka mu

puslespil
mfonin asiniasini a wɔkeka si ani hyehyɛ

tegneserie
mmɔfra aseresɛm nwoma

legoklodser
lego bricks

byggeklodser
blɔks a wɔde si dan

action figur
mmɔfra agodiaba

sparkedragt
mmɔfra ataade a wɔayɛ abɔ mu

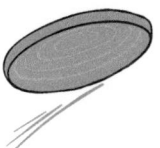
frisbee
frisbee

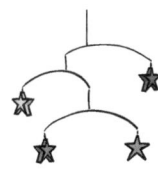
uro
agodiaba a wɔde sensɛne mmɔfra mpa so

brætspil
agorɔ a ɛwɔ pono so

terning
ludu aba

modeljernbane
ketekye ketewa

sut
adeɛ a wɔde hyɛ mmɔfra anumu

fest
apontoɔ

billedbog
krataa mfonin wɔ mu

bold
bɔɔlo

dukke
agodiaba

lege
di agorɔ

børneværelse - abɔfra dan mu

sandkasse
adeɛ wɔde anwea agu mu a mmɔfra di mu agorɔ

gynge
adonko

legetøj
agodiaba

spillekonsol
afidie abɛɛfo agodie wɔ so a wɔbɔ

trehjulet cykel
dadepɔnkɔ a ne nan yɛ mmiensa

bamse
sisire agodiaba

klædeskab
wɔdrɔp

tøj
ataadeɛ

sokker
adeɛ a wɔhyɛ ansa na wahyɛ mpaboa

strømper
ataade tenten a wɔhyɛ wɔ wɔn nan ho

strømpebukser
ataadeɛ a ɛkyekyere deɛ wahyɛ no

44   tøj - ataadeɛ

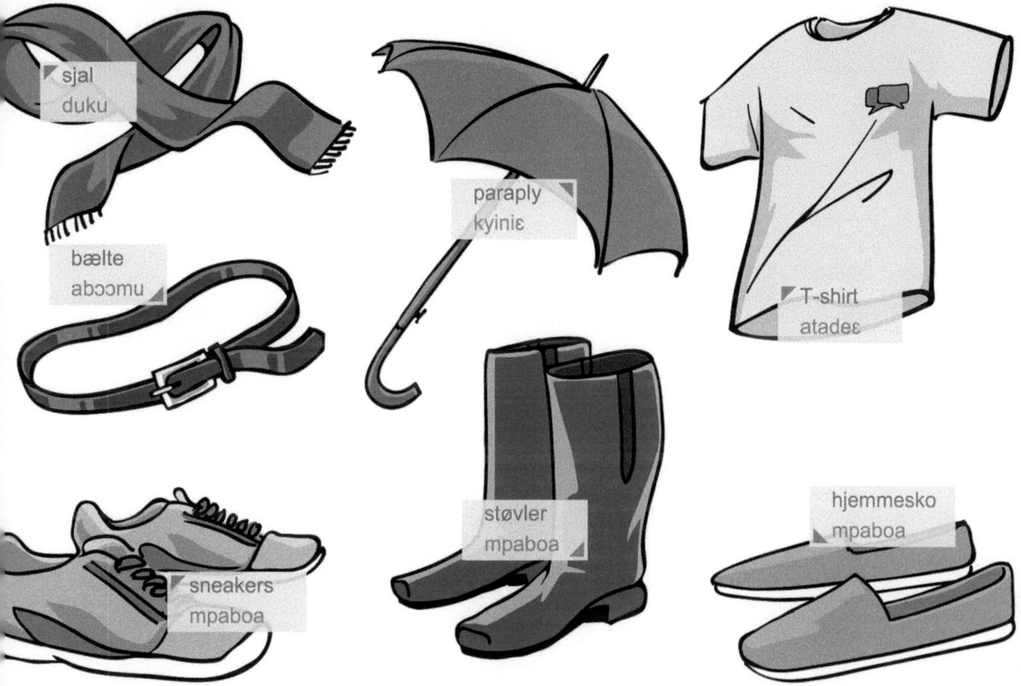

sjal / duku

paraply / kyiniɛ

T-shirt / atadeɛ

bælte / abɔmu

sneakers / mpaboa

støvler / mpaboa

hjemmesko / mpaboa

sandaler

mpaboa

sko

mpaboa

gummistøvler

rɔba mpaboa

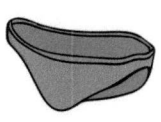

underbukser

drɔs

BH

adeɛ mmaa hyɛ de kora wɔn nufu

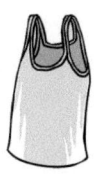

undertrøje

fɛst

tøj - ataadeɛ

body
nipadua

bukser
trɔsa

jeans
gyins

nederdel
skɛɛte

bluse
mmaa ataade soro

skjorte
ataadesoro

pullover
swata

sweatshirt
ataadeɛ a ɛkyɛ wɔ mu

blazer
kootu

jakke
ataade ngusoɔ

frakke
kootu

regnfrakke
ataadeɛ wɔhyɛ berɛ nsuo retɔ

kostume
ataadehyɛ

kjole
ataadeɛ

brudekjole
ayifrɔ atadeɛ

jakkesæt
ataade nkatasoɔ

nattrøje
ataadeɛ a yɛhyɛ de da

pyjamas
pigyamas

sari
sari

hovedtørklæde
duku

turban
duku

burka
ataadeɛ Nkramofoɔ mmaa hyɛ na ɛkata wɔn tiri so de kɔsi wɔn nan ase

kaftan
kaftan

abaya
abaya

badedragt
ataadeɛ a wɔhyɛ de dware nsuo mu

badebukser
nika

korte bukser
nika

træningsdragt
traksuit

forklæde
ntoma a wɔde kata wɔn kɔnmu berɛ wɔreyɛ aduane

handsker
adeɛ wɔde hyɛ wɔn nsa

tøj - ataadeɛ

knap
batin

briller
ahwehwɛniwa

armbånd
adeɛ wɔde to wɔn nsa

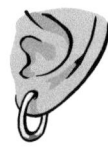

kæde
kɔnmuade

ring
kawa

ørering
asomadeɛ

hue
ɛkyɛ

bøjle
adeɛ a wɔde kootu hyɛ so

hat
ɛkyɛ

slips
abɔɔmenemu

lynlås
zip

hjelm
ɛkyɛ a wɔhyɛ de twi motosakre

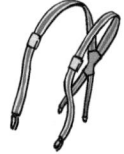

seler
bresis

skoleuniform
sukuu ataadeɛ

uniform
ataadeɛ

tøj - ataadeɛ

hagesmæk
adeɛ a wɔde gu abɔfra kɔn
mu berɛ a wɔredidi

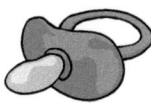
sut
adeɛ a wɔde hyɛ mmɔfra anumu

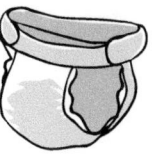
ble
moase tam

kontor
ɔfise

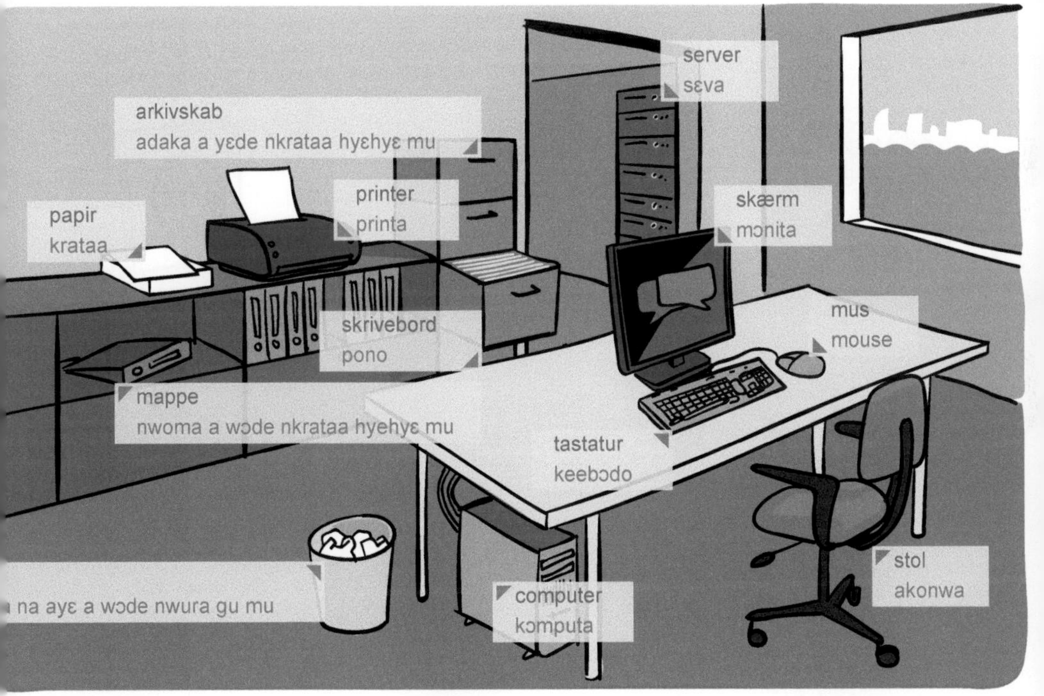

- server / sɛva
- arkivskab / adaka a yɛde nkrataa hyɛhyɛ mu
- papir / krataa
- printer / printa
- skærm / mɔnita
- skrivebord / pono
- mus / mouse
- mappe / nwoma a wɔde nkrataa hyɛhyɛ mu
- tastatur / keebɔdo
- stol / akonwa
- computer / kɔmputa
- na ayɛ a wɔde nwura gu mu

kaffekrus
kɔfe kuruwa

lommeregner
afidie a wɔde bu nkonta

internet
intanɛt

kontor - ɔfise

bærbar
laptop

brev
krataa

besked
nkratɔɔ

mobil
mobile

netværk
nɛtwɛk

kopimaskine
fotokɔpia

software
sɔftwɛɛ

telefon
tɛtɛfɔn

stikdåse
plɔg sɔkɛti

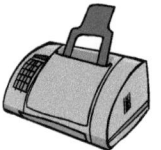
fax
fax afidie

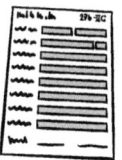
formular
krataa

dokument
krataa

kontor - ɔfise

økonomi
sikasem

købe
tɔ

betale
tua

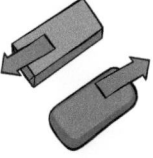

handle
tɔn

penge
sika

dollar
dollar

euro
euro

yen
yen

rubel
rouble

schweizerfranc
Swiss franc

renminbi yuan
renminbi yuan

rupee
rupee

hæveautomat
sikabea

vekselkontor

baabi aa yɛsesa

guld

sikakɔkɔɔ

sølv

dwetɛ

olie

ngo

energi

ahoɔden

pris

ne boɔ

kontrakt

nteaseɛ a ɛwɔ krataa so

skat

toɔ

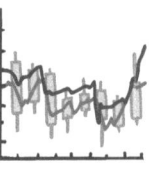

aktie

stock

arbejde

yɛ adwuma

ansat

odwumayɛni

arbejdsgiver

obi a wafa obi adwumamu

fabrik

afidihyehyɛbea

butik

beaɛ a wɔtɔn adeɛ

økonomi - sikasem

erhverv
nnwuma ahodoɔ

politimand
polisini

brandmand
gyadumni

kok
obi a wɔnoa aduane

læge
dɔkota

pilot
obi a wɔtwi ewiemhyɛn

gartner
kuani

tømrer
nnuaseni

syerske
ɔbaa a wɔpam adeɛ

dommer
otɛnmuani

kemiker
dufrani

skuespiller
siniyifoɔ

buschauffør

hyɛnkani

taxachauffør

taxi drɔba

fisker

ɔfarifo

rengøringskone

ɔbaa wɔpopa beaɛ

tagdækker

obi a wɔbɔ dan so

tjener

barima a wɔsom wɔ beaɛ a wotɔn aduane

jæger

ɔbɔmɔfo

maler

obi wɔde akaado keka ɛden ne nnooma aka ho

bager

brodotofo

elektriker

obi a wɔyɛ nkaneɛ ho adwuma

bygningsarbejder

dansifo

ingeniør

obi a wɔyɛ mfidie akɛseɛ ho adwuma

slagter

namtɔnfo

vvs-mand

obi a wɔhyehyɛ drobɛn a nsuo fa mu

postbud

obi a wɔde nkrataa a amanfoɔ atwerɛ soma no

erhverv - nnwuma ahodoɔ

soldat
ɔsrani

arkitekt
obi a wɔyɛ adansie ho adwuma

kasserer
obi a wɔhwɛ sika so

blomsterhandler
obi a wotɔn nhwiren

frisør
obi a wɔyɛ tire

togfører
deɛ wɔgyegye sika wɔ ɛhyɛn mu

mekaniker
obi a wɔsiesie ɛhyɛn

kaptajn
panin

tandlæge
dɔkota a wɔhwɛ se

videnskabsmand
abodeɛmu nyasapɛni

rabbiner
ɔkyerɛkyerɛni

imam
imam

munk
monk

præst
sofo

erhverv - nnwuma ahodoɔ

værktøj
akadeɛ

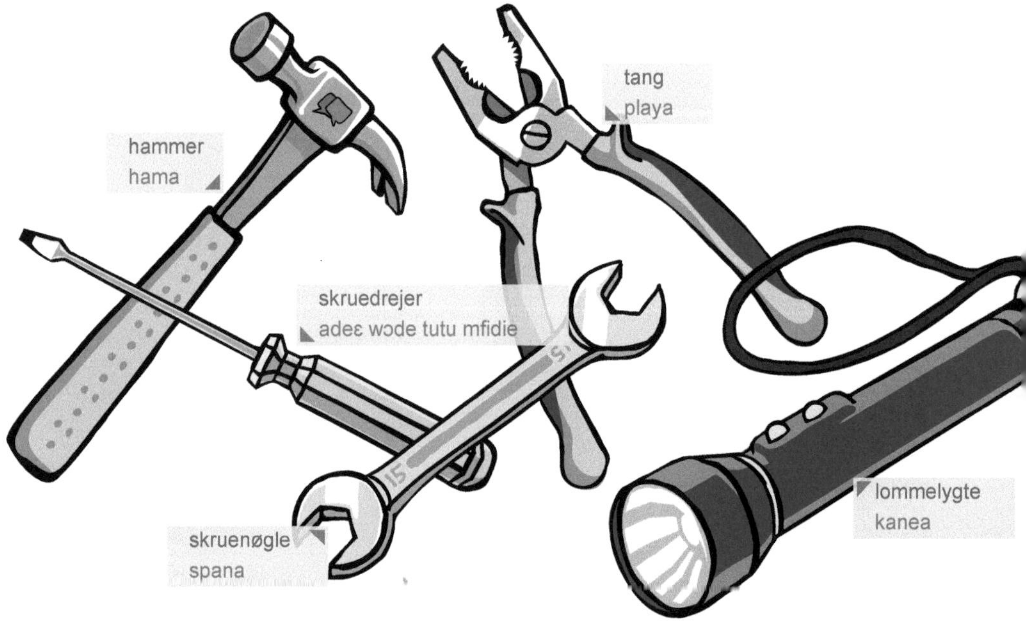

hammer
hama

tang
playa

skruedrejer
adeɛ wɔde tutu mfidie

lommelygte
kanea

skruenøgle
spana

gravemaskine

afidie a wɔde tu fam

værktøjskasse

adaka a wɔde nnooma a wɔde yɛ adwuma gu mu

stige

atwedeɛ

sav

sradaa

søm

nnadowa

bor

afidie a wɔde mmia nnooma mu

reparere
siesie

skovl
sofi

Lort!
Yieee!

fejebakke
asesa nwura

malerspand
akaado kora

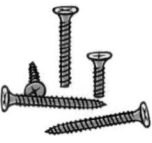

skruer
dadeɛ wɔde bobɔ nnooma mu

musikinstrumenter
mfidie a wɔde bɔ nnwom

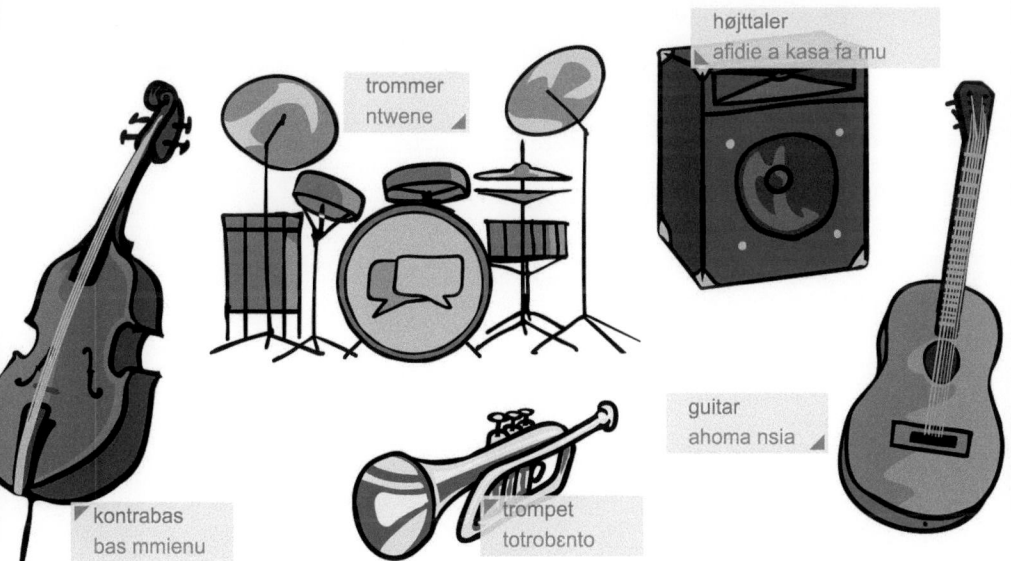

trommer
ntwene

højttaler
afidie a kasa fa mu

guitar
ahoma nsia

kontrabas
bas mmienu

trompet
totrobɛnto

klaver
sankuo

violin
sankuo

bas
ahoma nsia

pauke
timpani

tromme
ntwene

keyboard
sankuo

saxofon
sasofon

fløjte
trobɛnto

mikrofon
akasanoma

musikinstrumenter - mfidie a wɔde bɔ nnwom

ZOO
mmoakurabea

indgang
baabi a wɔfra wura mu

tiger
sebɔ

bur
ɛban

zebra
sare so afurum

dyrefoder
mmoa aduane

panda
kankane

dyr
mmoa

elefant
ɔsono

kænguru
kangaroo

næsehorn
bɛnkorɔ

gorilla
akaatia

bjørn
sisire

zoo - mmoakurabea

kamel
yoma

struds
sohori

løve
gyata

abe
kontromfi

flamingo
asukɔnkɔn

papegøje
ako

isbjørn
sisire

pingvin
penquin

haj
oboodede

påfugl
kohaa

slange
ɔwɔ

krokodille
dɛnkyɛm

dyrepasser
mmoasohwɛfo

sæl
sukraman

jaguar
sebɔ

zoo - mmoakurabea

pony	leopard	flodhest
pɔnkɔ ketewa	etwie	susono

giraf	ørn	vildsvin
kɔntenten	ɔkɔdeɛ	kɔkɔte

fisk	skildpadde	hvalros
nsuomunam	sudanda	sukraman

ræv	gazelle
sakraman	adowa

zoo - mmoakurabea

sport
agokansie

aktiviteter
dwumadie ahodoɔ

- springe / huri
- give et knus / fam
- grine / sre
- gå / nante
- synge / to nwom
- bede / bɔ mpaeɛ
- kysse / fe ano
- drømme / so daeɛ

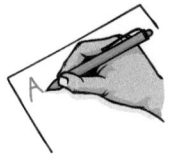

skrive
twerɛ

tegne
dwidwi

vise
kyerɛ

skubbe
pia

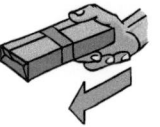

give
ma

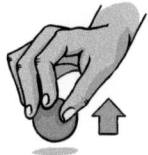

tage
fa

have
gye

gøre
yɛ

være
yɛ

stå
gyina

løbe
tu mirika

trække
twe

kaste
to

falde
tɔ fam

ligge
twa ntorɔ

vente
twɛn

bære
soa

sidde
tena ase

tage på
hyɛ atadeɛ

sove
da

vågne
sɔre

aktiviteter - dwumadie ahodoɔ

se på hwɛ	græde su	ae fa wo nsa fefa ho

kæmme nunu wotirim	tale kasa	forstå te aseɛ

spørge bisa	høre tie	drikke nom

spise didi	rydde op siesie	elske dɔ

koge noa	køre ka kaa	flyve tu

aktiviteter - dwumadie ahodoɔ

sejle
ka

regne
bo ho nkonta

læse
kan

lære
sua

arbejde
yɛ adwuma

gifte sig med
ware

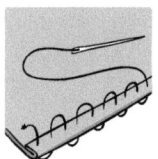
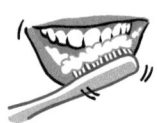

sy
pam

børste tænder
twitwi wo se

dræbe
kum

ryge
hye

sende
soma

aktiviteter - dwumadie ahodoɔ

familie
abusua

bedstemor
nanabaa

bedstefar
nana barima

far
papa

mor
maame

baby
abɔfra

datter
babaa

søn
babarima

gæst

ɔhɔhoɔ

tante

sewaa

onkel

wɔfa

bror

nua barima

søster

nuabaa

krop
nipadua

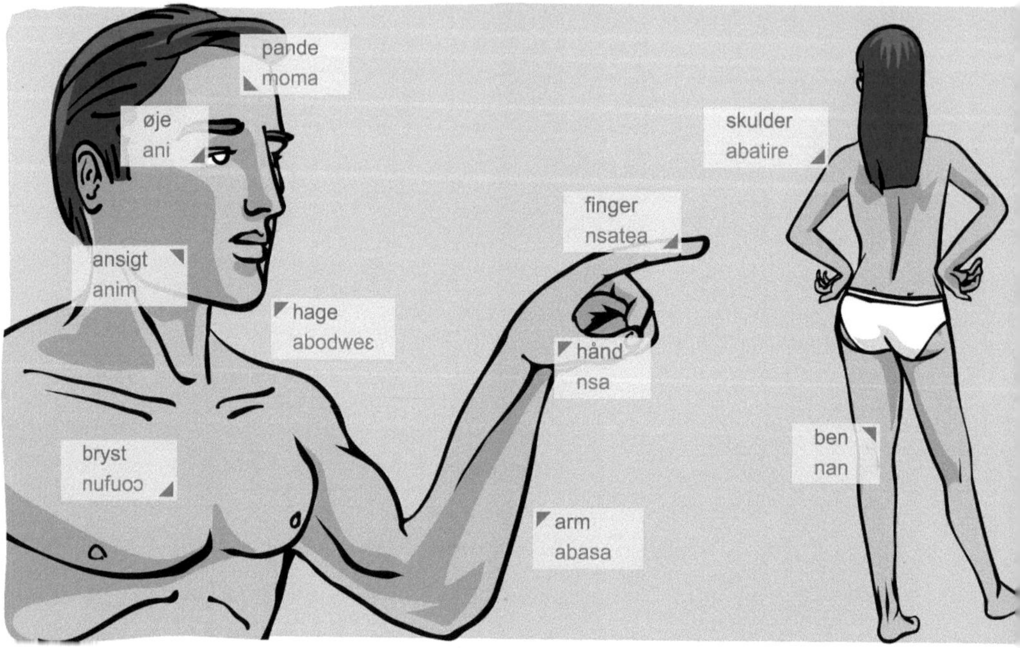

pande
moma

øje
ani

skulder
abatire

finger
nsatea

ansigt
anim

hage
abodweɛ

hånd
nsa

bryst
nufuɔ

ben
nan

arm
abasa

baby
abɔfra

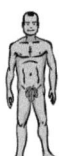

mand
barima

kvinde
ɔbaa

pige
abaayewa

dreng
abarimaa

hoved
ɛtire

krop - nipadua

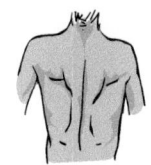

ryg
akyi

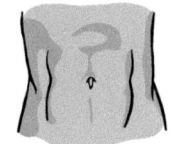

mave
yafunu

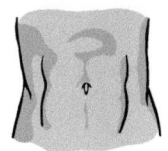

navle
furuma

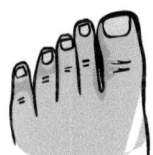

tå
nansoa

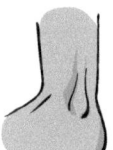

hæl
nantini

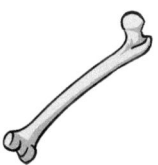

knogle
dompe

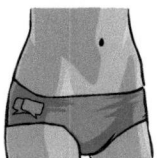

hofte
sisi

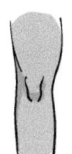

knæ
kotodwe

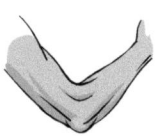

albue
abatwerɛ

næse
hwene

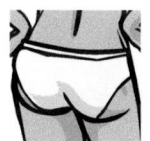

bagdel
ɛtoɔ

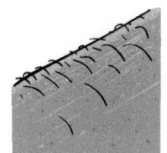

hud
wedeɛ

kind
afono

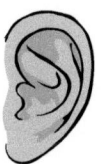

øre
aso

læbe
ano

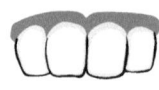

mund	tand	tunge
ano	ɛse	tɛkyerɛma

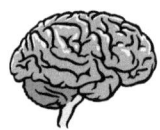
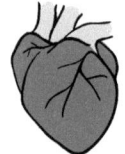

hjerne	hjerte	muskel
adwene	akoma	honam

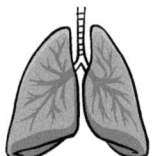

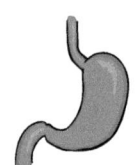

lunge	lever	mavesæk
ahrawa	brɛbɔɔ	afuro

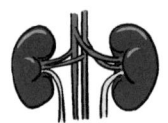

nyrer	sex	kondom
sawa	barima ne ɔbaa nna mu nhyiamu	kɔndɔm

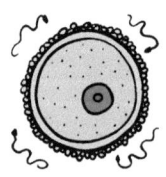

ægcelle	sperm	svangerskab
nkosua a ɛwɔ obaa mu	barima ho nsuo	nyinsɛn

krop - nipadua

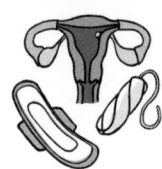
menstruation
brayɔ

vagina
ɛtwɛ

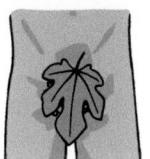
penis
kɔteɛ

øjenbryn
aniakyi nwii

hår
nwii

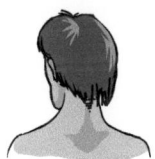
hals
kɔn

krop - nipadua

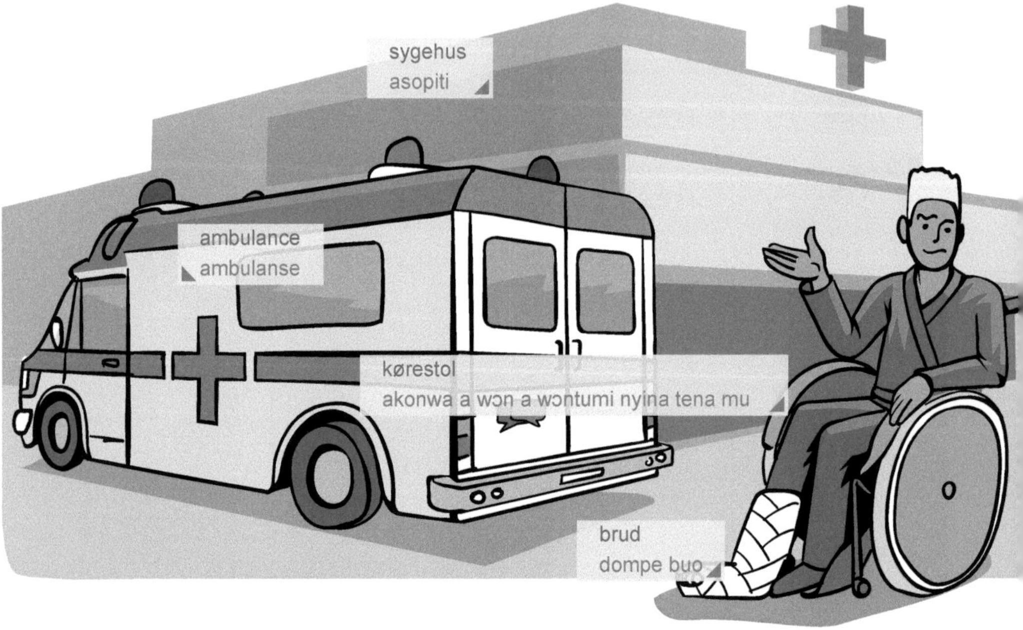

sygehus
asopiti

ambulance
ambulanse

sygehus
asopiti

kørestol
akonwa a wɔn a wɔntumi nyina tena mu

brud
dompe buo

læge
dɔkota

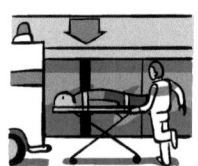

akutmodtagelse
ɛdan a wɔde wɔn a wɔn apira kɔ mu kɔhwɛ wɔn ɔhare so

sygeplejerske
nɛɛse

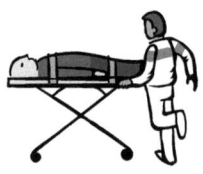

nødstilfælde
putupru

bevidstløs
fenti

smerte
yaw

sygehus - asopiti

skade
pira

blødning
mogyatuo

hjerteinfarkt
akoma yareɛ

slagtilfælde
nwodwoɔ yareɛ

allergi
adeɛ wo honam mpɛ

hoste
ɛwa

feber
ahoɔhyeɛ

influenza
papu

diarré
ayɛmhwie

hovedpine
tiripayɛ

kræft
kokoram

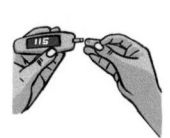
diabetes
asikyire yareɛ

kirurg
dɔkotani wɔpaepae obi sa no yareɛ

skalpel
sekamma

operation
repaepae obi ho asa no yareɛ

sygehus - asopiti

CT
CT

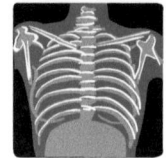

røntgen
x-ray

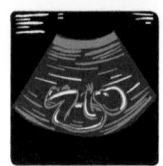

ultralyd
mfonin a wɔtwa de hwɛ awodeɛ mu

maske
anim nkatadeɛ

sygdom
yareɛ

venteværelse
dan aa yɛtwɛn wɔ mu

krykke
klɔkye

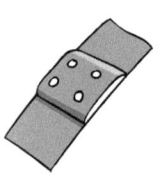

plaster
plasta

forbinding
bandege

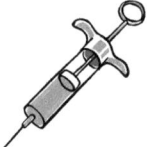

injektion
paneɛ

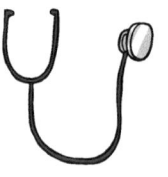

stetoskop
afidie a wɔde tie dede wɔ nnipa ho

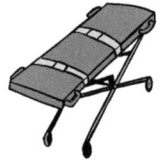

båre
mpa

termometer
afidie wɔde hwɛ ahoɔhyeɛ

fødsel
awoɔ

overvægt
kɛseyɛ mmorosoɔ

høreapparat

afidie a ɛboa ma obi te asɛm yie

desinficerende middel

aduro a wɔde ko tia yaremmoa bateria

infektion

yareɛ nsaeɛ

virus

yaremmoawa

HIV / AIDS

HIV / AIDS

medicin

aduro

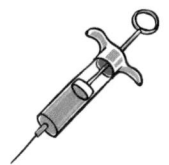

vaccination

nsianoaduru paneɛwɔ

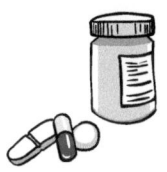

tabletter

nnuro a wɔmene

pille

aduro a wɔmene

nødopkald

putupru frɛ

blodtryksmåler

afidie a wɔde hwɛ sɛdeɛ mogya di aforosane

syg / rask

yareɛ / ahuɔden

sygehus - asopiti

nødstilfælde
putupru

Hjælp!
Boa me!

alarm
alam

overfald
repira obi

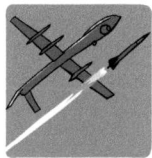

angreb
to hyɛ biribi so

fare
amaneɛ

nødudgang
kwan a wɔfa so pue berɛ asɛm asi putupuru

Det brænder!
Egya!

ildslukker
adeɛ a wɔde dum gya

uheld
akwanhyia

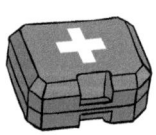

førstehjælps-kuffert
mmoa a edikan akadeɛ

SOS
SOS

politi
polisi

Jorden
Ewiase

Europa — Nordamerika — Sydamerika
Europe — North America — South America

Afrika — Asien — Australien
Africa — Asia — Australia

Atlanterhavet — Stillehavet — Indiske Ocean
Atlantic — Pacific — Indian Ocean

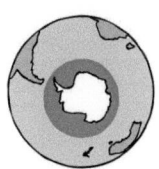  

Sydlige Ishav — Ishav — Nordpol
Antartic Ocean — Arctic Ocean — North Pole

Sydpol
South Pole

Antarktis
Atartica

Jorden
Ewiase

land
asaase

hav
ɛpo

ø
ɛpoano

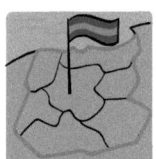
nation
ɔman

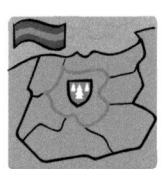
stat
ɔman

ur
mmerɛ kyerɛfoɔ

urskive
mmerɛ kyerɛfoɔ no anim

timeviser
dɔnhwere nsa

minutviser
sima nsa

sekundviser
anitɛtɛ nsa

Hvad er klokken?
Abɔ sɛn?

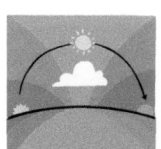

dag
da

tid
mmerɛ

nu
seisei ara

digitalur
abɛɛfo mmerɛ kyerɛfoɔ

minut
sima

time
dɔnhwere

uge
nnawɔtwe

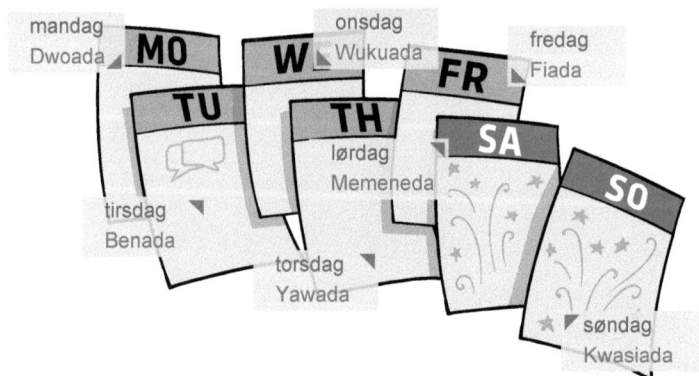

i går
ɛnora

i dag
nnɛ

i morgen
ɔkyena

morgen
anɔpa

middag
awia

aften
anwummerɛ

arbejdsdage
adwuma nna

weekend
nnawɔtwe awieɛ

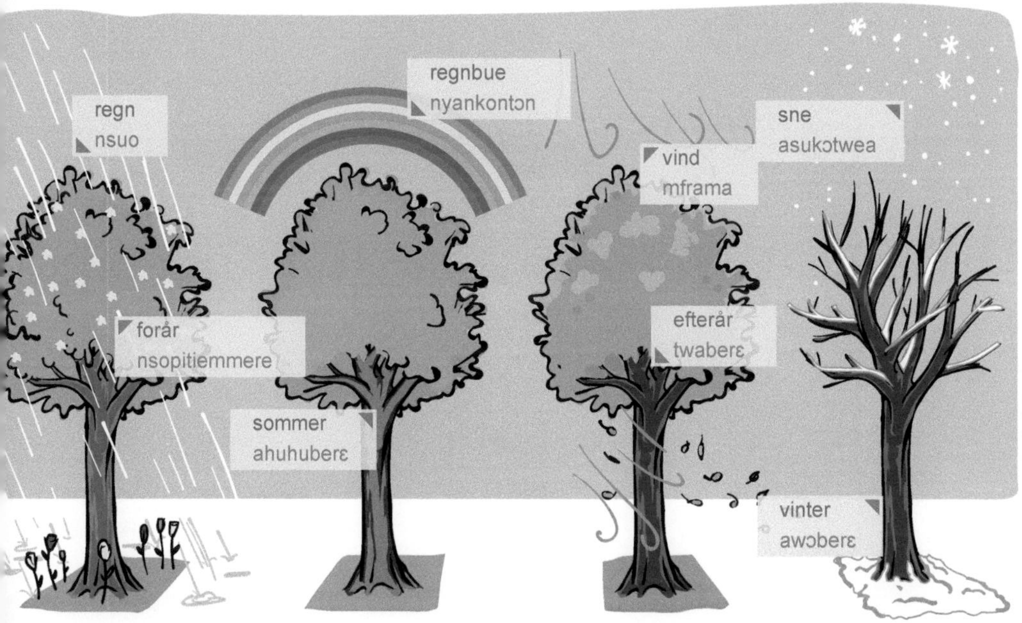

år
afe

regn / nsuo

regnbue / nyankontɔn

vind / mframa

sne / asukɔtwea

forår / nsopitiemmere

sommer / ahuhuberɛ

efterår / twaberɛ

vinter / awɔberɛ

vejrudsigt
ewiemu nsesaeɛ

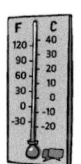

termometer
afidie a wɔde hwɛ ahoɔhyeɛ

solskin
awiabɔ

sky
munumkum

tåge
ɛbɔ

luftfugtighed
nsuo a ɛwɔ mframa mu

lyn
ayerɛmo

torden
agradaa

storm
nsuden ne mframa

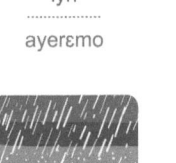

hagl
sukɔtwea

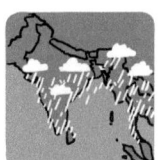

monsun
mframa a ɛde nsuo ba

flod
nsuyiri

is
asukɔtwea

januar
Ɔpopon

februar
Ɔgyefoɔ

marts
Ɔbɛnem

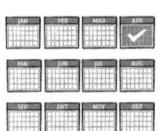

april
Oforisuo

maj
Kotonimaa

juni
Ayɛwohumumɔ

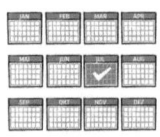

juli
Kitawonsa

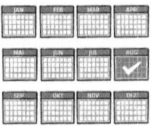

august
Ɔsanaa

år - afe

september
ɛbɔ

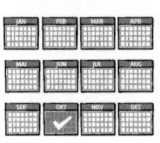
oktober
Ahinime

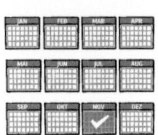
november
Obubuo

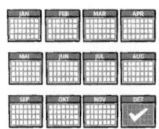
december
☐pɛnimaa

former
bɔbea

cirkel
kanko

kvadrat
ahenanan

firkant
fasene

trekant
ahinasa

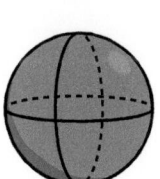
kugle
kanko

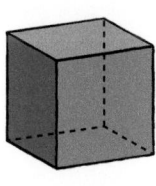
terning
ahenanan

farver
ahosuo

hvid
fitaa

gul
akokɔsradeɛ

orange
akokɔsradeɛ

pink
memen

rød
kɔkɔɔ

lilla
beredum

blå
bibire

grøn
ahabanmono

brun
dodoeɛ

grå
nson

sort
tuntum

modsætninger
abirabɔ

meget / lidt

bebree / ketewa

rasende / fredelig

abufuo / brɛo

smuk / grim

fɛfɛɛfɛ / tantantan

begyndelse / slut

ahyɛasɛɛ / awieɛ

stor / lille

kɛseɛ / ketewa

lys / mørk

ɛhyerɛ / ɛdum

bror / søster

nua barima / nuabaa

ren / snavset

ɛho te / ɛfi

fuldkommen / ufuldkommen

wawie / onwieeyɛ

dag / nat

anopa / anadwo

død / levende

wawu / ɔtease

bred / smal

emu bue / emu mmueɛ

spiselig / uspiselig	vred / venlig	ophidset / kedet
yetumi di / yentumi nni	bɔne / papa	anigyeɛ / w'ani nka

tyk / tynd	først / sidst	ven / fjende
kɛseɛ / hwea	di kan / ka akyi	adanfo / atanfo

fuld / tom	hård / blød	tung / let
ayɛ ma / hwee nnimu	dondondon / mrɛmrɛmrɛ	emu yɛ duru / emu yɛ ha

sult / tørst	syg / rask	illegal / legal
ɛkɔm / nsukɔm	yareɛ / ahuɔden	ɛnfa mmrakwanso / mmrakwanso

intelligent / dum	venstre / højre	nær / fjern
nimdifo / gyimifo	benkum / nifa	ɛbɛn / ɛmu ware

modsætninger - abirabɔ

ny / brugt

foforo / dada

intet / noget

ɛnyɛ hwee / biribi

gammel / ung

panyin / abɔfra

tændt / slukket

sɔ / dum

åben / lukket

bue / yatom

stille / højt

dinn / dede

rig / fattig

sikani / ohiani

rigtig / forkert

papa / bɔne

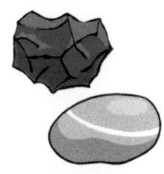

ru / glat

wewerɛwewerɛ / tromtrom

ked af det / lykkelig

awerehoɔ / anigye

kort / lang

tiatia / tentene

langsom / hurtig

brɛoo / ntɛm

våd / tør

afɔ / awo

varm / kold

ɛyɛ hye / adwo

krig / fred

ntɔkwa / asomdwoe

modsætninger - abirabɔ

tal
nɔma

0 — nul / ohunu

1 — en / baako

2 — to / mmienu

3 — tre / mmiensa

4 — fire / nan

5 — fem / num

6 — seks / nsia

7 — syv / nson

8 — otte / nwɔtwe

9 — ni / nkron

10 — ti / du

11 — elleve / du-baako

12	**13**	**14**
tolv	tretten	fjorten
du-mmienu	du-mmiensa	du-nan
15	**16**	**17**
femten	seksten	sytten
du-num	du-nsia	du-nson
18	**19**	**20**
atten	nitten	tyve
du-nwɔtwe	du-nkron	aduonu
100	**1.000**	**1.000.000**
hundrede	tusinde	million
ɔha	apem	ɔpepe

sprog
kasa ahodoɔ

engelsk
Brofo kasa

amerikansk engelsk
Amerika Brɔfo

kinesisk mandarin
Chinese Mandarin

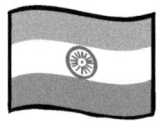

hindi
Hindi

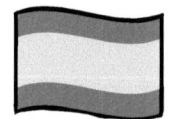

spansk
Spanish

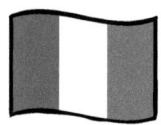

fransk
French

arabisk
Arabic

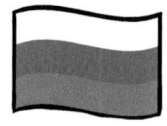

russisk
Russian

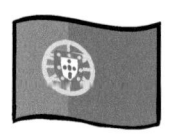

portugisisk
Portuguese

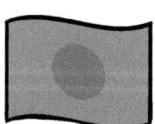

bengalsk
Bengali

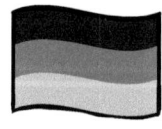

tysk
German

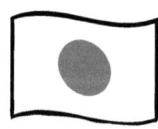

japansk
Japanese

hvem / hvad / hvordan
hwan/aden/ sɛn

jeg
me

du
wo

han / hun / den / det
ɔnʊ

vi
yɛn

I
wo

de
wɔn

hvem?
hwan?

hvad?
aden?

hvordan?
sɛn?

hvor?
ɛhefa?

hvornår?
dabɛn?

navn
din

hvor
hefa

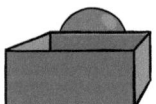

bag

n'akyi

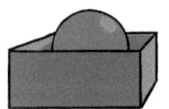

i

ɛmu

foran

wɔ n'anim

over

soro

på

so

under

aseɛ

ved siden af

nkyene

imellem

ntam

sted

fa hyɛ